AF297493

LES AUBERGISTES

DE

QUALITÉ,

OPERA COMIQUE EN TROIS ACTES;

Représenté, pour la première fois, à Paris, sur le théâtre impérial de l'Opera-Comique, par les Comédiens de S. M. l'Empereur et Roi, le 17 Juin 1812.

Paroles de M. DE JOUY,
Musique de M. CATEL.

Prix, 1 fr. 80 cent.

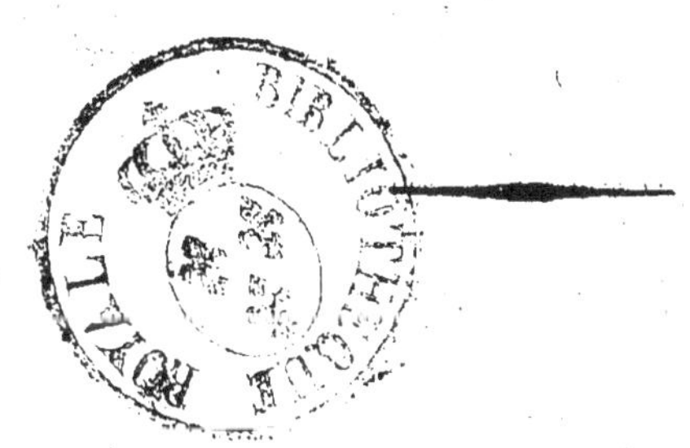

IMPRIMERIE DE BERTRAND-POTTIER.

A PARIS,

CHEZ Mᵉ MASSON, LIBRAIRE, RUE DE L'ÉCHELLE, Nᵒ 8.

1812.

PERSONNAGES.		ACTEURS.
Le Marquis de VILLEROI,	sous le nom des frères ROBERT.	M. *Paul.*
Le Chevalier de RAVANNES,		M. *Elleviou.*
M. de FAVANCOURT, Gouverneur de la Province.		M. *Darancourt.*
ÉMILIE, sa Fille.		Mme *Duret – St.- Aubin.*
BERNARD, Aubergiste.		M. *Chénard.*
Mme BERNARD, sa Femme.		Mlle *Débrosses.*
GEORGETTE, leur Fille.		Mme *Gavaudan.*
CHARLOT, Garçon d'auberge.		M. *Gonthier.*
DUTREILLAGE, Brigadier de Maréchaussée.		M. *Juliette.*
Le Tabellion.		M. *Perceval.*
Un Courrier.		M. *Granger.*
Villageois, Villageoises.		

La Scène se passe dans un village sur le bord de la Loire et sur la grande route.

LES AUBERGISTES

DE

QUALITÉ.

ACTE PREMIER.

Le théâtre représente une partie d'un très-beau village. A gauche, une très-jolie auberge à l'enseigne de la COURONNE *; la grande salle de cette auberge est ouverte du côté des spectateurs et laisse voir des gens à des tables dans l'intérieur : de l'autre côté du chemin, à droite, un peu plus au fond, se trouve une autre auberge, de moindre apparence, à l'enseigne de la* PROVIDENCE.

SCÈNE PREMIÈRE.

Mme BERNARD, VILLAGEOIS, VILLAGEOISES, M. BERNARD, RAVANNES, DUTREILLAGE, VILLEROI, CHŒUR DE VILLAGEOIS *qui chantent en buvant, dans l'intérieur ; de* JEUNES VILLAGEOISES *dansent en dehors, sous un gros arbre en face de l'auberge de la* Couronne, *au son du violon de* VILLEROI, *monté sur une table.* RAVANNES *joue aux petits palets avec* DUTREILLAGE, *sur un tonneau ; ils ont une petite table auprès d'eux sur laquelle se trouvent une écritoire, une bouteille et des verres.*

INTRODUCTION.

CHŒUR INTÉRIEUR.

LE tems est beau, le vin est bon,
Buvons et chantons à la ronde ;

Moquons-nous du qu'en dira-t-on.
Le tems est beau, le vin est bon,
Tout va le mieux du monde.

(Les jeunes gens au dehors dansent sur la ritournelle de cet air.)

Le soleil mûrit les moissons,
Sa chaleur, en trésors féconde
De la vigne, enfle le bourgeon ;
Le tems est beau, le vin est bon,
Tout va le mieux du monde.

Mme BERNARD.

(Elle sort de chez elle avec son mari qui veut aller boire avec les autres.)

Eh quoi ! chez ce maudit voisin
Tu n'as pas honte d'aller boire ?

M. BERNARD.

Je vous le dis, j'ai mon dessein :
Ma femme vous devez m'en croire,
Entendez-vous, j'ai mon dessein ?

Mme BERNARD.

Vraiment oui ; le dessein de boire.

Ensemble.

CHŒUR INTÉRIEUR.

Le tems est beau, le vin est bon,
Buvons *etc.*

BERNARD.

Chacun s'enfuit de ma maison ;
J'en fais autant, ma femme gronde ;
Mais je répète ma chanson :
Le tems est beau, le vin est bon ;
Tout va le mieux du monde.

RAVANNES ET DUTREILLAGE.

Le tems est beau, le vin est bon,
Buvons *etc.*

RAVANNES ET VILLEROI

(dansant.)

Mme BERNARD.

Le tems est beau, rions, dansons,
Et que monsieur le curé gronde ;

Jeunes filles, jeunes garcons,

Plus de chalans à la maison,
Loin de nous, s'enfuit tout le monde,

Monsieur répète sa chanson :

| Le tems est beau, rions, dansons; | Le tems est beau, le vin est bon, |
| Tout va le mieux du monde. | Tout va le mieux du monde. |

VILLEROI (*à Bernard*).

Voisin Bernard, le tems se perd,
Là bas on vide les bouteilles.

BERNARD.

J'y vais, j'y vais, monsieur Robert;
J'ai mon projet.

VILLEROI (*à Bernard*).

Le tems se perd.

Mme BERNARD (*à son mari*).

Ah! tu vas faire des merveilles!

DUTREILLAGE (*regardant son verre*).

Quel bouquet, et quelle couleur!

RAVANNES.

Qu'en dites-vous, cher Dutreillage?
Est-ce bien là de l'Hermitage?

DUTREILLAGE.

Je n'en bus jamais de meilleur;
Quel bouquet, et quelle couleur!

RAVANNES (*le conduisant vers la maison*).

Venez, venez, j'en ai là du meilleur.

BERNARD.

Bonjour, commandant Dutreillage.

DUTREILLAGE.

Mon ami, c'est de l'Hermitage!

RAVANNES (*à tous les deux, les poussant dans la maison*).

Entrez, j'en ai là du meilleur.

BERNARD (*de loin, à sa femme*).

Ma femme, c'est de l'Hermitage.

Ensemble.

Le tems est beau, le vin est bon,
Buvons *etc.*

VILLEROI (*aux villageois dansans*).

Assez pour ce matin, mes enfans; la chaleur devient incommode; nous recommencerons ce soir. (*Le chœur sort..*)

RAVANNES.

Si madame Bernard veut, nous danserons ensemble?

Mme BERNARD (*rentrant chez elle*).

Madame Bernard ne danse pas avec toute sorte de gens; apprenez cela, monsieur Robert.

SCÈNE II.

VILLEROI, RAVANNES.

VILLEROI.

Laisse là cette folle; j'ai besoin de te parler. Dutreillage a reçu une lettre du prévôt de la maréchaussée, et je soupçonne.....

RAVANNES.

Ah! tu soupçonnes; et bien moi, je suis sûr : la voici cette lettre.

VILLEROI.

Voyons vîte.

RAVANNES, *lisant.*

« Je vous envoie le signalement de deux jeunes gens » c'est bien le nôtre, il n'y a pas à s'y méprendre. « J'ai tout lieu » de croire qu'il sont cachés dans votre arrondissement. As- » surez-vous de leurs personnes avec tous les égards qui » leurs sont dus, » Il est honnête. « et faites-les conduire » ici, sous bonne escorte..... Cette capture est de la plus » haute importance ».

VILLEROI.

Eh bien, qu'en dis-tu?

RAVANNES.

Je dis..... qu'ils ne nous tiennent pas.

VILLEROI.

Il nous arrivera malheur, tu verras.

RAVANNES.

Ce ne sera pas faute de prudence, au moins.

VILLEROI.

Oui, c'est par là que nous brillons.

RAVANNES.

Ma foi, je le donne au plus habile. Tu t'avise de te faire une affaire avec un des amis du cardinal Dubois; je suis ton second. Le ciel, comme à l'ordinaire, se déclare pour l'innocence ; nos adversaires... Dieu veuille avoir leurs âmes ; le Cardinal se fâche tout rouge ; nous n'avons que le tems de fuir, et nous voilà sur la route d'Espagne.

VILLERÓI.

Jusque-là pas un mot à reprendre, mais la suite ?.....

RAVANNES.

La suite est un trait de génie qui ferait honneur à tous les Mata, à tous les Grammont du monde, et qui figurera un jour dans mes mémoires. Quel chapitre que celui où l'on verra comme quoi le chevalier de Villeroi et le marquis de Ravannes, désespérés de quitter la France, imaginèrent de se transformer en aubergistes de village, de s'établir sur la grande route, à quarante lieues de Paris, dans un pays délicieux, où l'air est pur, la campagne superbe, les filles charmantes...

VILLERÓI.

Et la maréchaussée à leurs trousses!

RAVANNES.

Que pouvons-nous craindre, quand je suis le confident, le secrétaire obligé de l'ami Dutreillage, qui sait à peine lire ? D'ailleurs, n'en déplaise à cet air de noblesse que chacun de nous admire dans l'autre, nous sommes très-en sûreté dans ce petit négligé d'auberge.

VILLEROI.

Fort bien; mais tant de folies?.....

RAVANNES.

Qu'appellez-vous, des folies ! Nous régalons du matin au soir tous les habitans du village ; nous leur donnons à cinq sols le vin qui nous en coûte trente ; nous distribuons de petits cadeaux à leurs femmes ; nous faisons danser leurs filles ; tout le monde nous adore ; et nous ne pouvons pas manger la moitié de nos revenus ; je vous le demande, est-il une conduite plus exemplaire et plus économique ?

VILLEROI.

Veux-tu passer ta vie dans cette auberge ?

RAVANNES.

Connais-tu beaucoup de châteaux qui valent mieux ?

AIR :

Cette auberge est une merveille,
Personne ne peut le nier ;
Et je doute que la pareille
Se trouve dans le monde entier.
   Les salles toujours remplies,
   Les tables toujours servies,
A tous momens des mets nouveaux ;
Chaque jour est un jour de fête.
Jamais la broche ne s'arrête,
Et le bon vin coule à grands flots.
   Ici la foule abonde ;
De tous les pays à la ronde
La *Couronne* est le rendez-vous.
Jeunes veuves, jeunes filles,
Lorsqu'elles sont gentilles,
Reçoivent l'accueil le plus doux.
Dans cette auberge, ouverte aux dames,
On ne fait point payer les femmes,
Et l'on fait crédit aux époux.

VILLEROI.

Je finirai par m'arranger de cette vie là ; mais Émilie dont je ne reçois plus de nouvelles.....

RAVANNES.

Émilie ! nous y voilà ! D'abord comme nos lettres de Paris

vont faire un tour en Espagne, il n'est pas étonnant qu'il s'en égare quelques-unes ; et puis, vois-tu, si tu m'en crois, tu ne feras pas un très-grand fonds sur la fidélité de ta belle...

VILLEROI.

Ah ! voilà bien tes principes.

RAVANNES.

Non, il n'y a pas de principe dans tout cela : c'est du bon sens. On nous mande que le comte de Favancourt est de retour de son ambassade ; eh bien, tu verras qu'il aura amené avec lui quelque Palatin, quelque Hospodar, pour en faire le mari d'Émilie, qui l'épousera en nous attendant.

VILLEROI.

Tu ne la connais pas.

RAVANNES.

Mon Dieu non ! je ne connais pas les femmes de la cour. En tous cas, c'est bien maladroit de ma part, car en conscience, j'ai fait tout ce qu'il fallait pour cela.

VILLEROI.

Penses-tu, bonnement, que tes petites paysannes valent mieux ?

RAVANNES.

Oui, monsieur ; je l'ai lu partout, et je le crois aujourd'hui, parce que je n'ai rien de mieux à faire. Je ne rêve plus que prairies, que moutons, que bocages, et tu me verras quelque jour, la houlette à la main, conduisant dans les champs mes fidèles brebis.

VILLEROI.

Avec ces dispositions pastorales, il est pourtant bien fâcheux de penser qu'on peut, d'un moment à l'autre, être enfermé à la Bastille.

RAVANNES.

Je n'y serais pas plus tôt, vois-tu, qu'une prison d'État me paraîtrait ce qu'il y a de mieux au monde : j'ai l'esprit fort bien fait. En attendant il faut y aller le plus tard possible. Pour céla faire, rentre dans la maison, achève de mettre nôtre brigadier en belle humeur et envoie-le moi ; nous devons répondre au prévôt.

VILLEROI.

La place est mal choisie pour parler d'affaires, car j'aperçois la petite Georgette, et j'ai peur que ton rôle de berger ne te fasse oublier celui de secrétaire.

RAVANNES.

Bon ! m'as-tu jamais vu faire moins de deux choses à la fois ?

VILLEROI.

Non, mais je voudrais te voir réussir une. (*Il sort.*)

SCÈNE III.

RAVANNES, GEORGETTE.

(Georgette sort de chez elle, apporte son rouet à la porte, et se dispose à filer.)

RAVANNES (*sur le devant*).

Voilà comme sont les petits esprits, ils vous demandent toujours compte du succès ; ils ne savent pas que le génie entreprend, et que presque toujours la fortune exécute..... Elle est jolie, cette petite Georgette..... et ce serait ma foi dommage..... Elle regarde beaucoup notre maison, examinons de loin son petit manége.   (*Il s'éloigne.*)

GEORGETTE.

Voyez s'il arrivera ! Puisque je n'ose pas l'appeler, chantons pour le faire venir.

CHANSONNETTE.

Maman, disait la jeune Hélène,
Puisqu'il faut le savoir un jour,
Il est bien tems que je l'apprenne :
Dis-moi ce que c'est que l'amour.
— Le tems n'est pas venu, ma fille,

Et c'est un secret de famille ;
Vous le saurez à votre tour.
— C'est quelque malheur, je le gage,
A part, se dit-elle, tout bas,
Mais n'importe, j'ai du courage,
Et puis, à ce que dit Lucas,
On n'en meurt pas.

Hélène s'agite, s'empresse ;
Plus de repos le jour, la nuit;
D'amour elle parle sans cesse ;
C'est un lutin qui la poursuit.
Pleine du trouble qui la presse,
La petite à Lucas s'adresse ;
C'est le berger le plus instruit.
Ne sais ce qu'il a pu lui dire ;
Quand on l'interroge tout bas,
Elle rougit, elle soupire,
Et puis réponds, comme Lucas,
On n'en meurt pas.

RAVANNES (*s'approchant*).

On n'en meurt pas.

GEORGETTE.

Ah! c'est vous, monsieur Robert?

RAVANNES.

Est-ce que vous en attendiez un autre, ma petite voisine?

GEORGETTE.

Nou, Monsieur, je n'attends personne.

RAVANNES.

Pas même l'ami Charlot?

GEORGETTE.

Ah! celui-là, c'est différent ; nous nous attendons toujours l'un, l'autre.

RAVANNES.

Vous l'aimez donc ?

GEORGETTE.

Belle demande! puisque nous serions mariés si vous n'étiez pas venu déranger tout cela.

RAVANNES.

Moi ?

GEORGETTE.

Vous et votre frère ! en venant vous établir ici, vous avez
tant fait que tout le monde va dans votre auberge, et qu'il
ne vient plus personne dans la nôtre. Voyant cela, mon
père a renvoyé Charlot, qui tenait notre maison. Il est entré
chez vous ; c'est bien naturel, on ne vit pas de l'air du
tems. Maman s'est fâchée contre ce pauvre garçon ; elle ne
veut plus entendre parler de notre mariage. Et voilà comme
quoi vous êtes la cause de notre malheur à tous.

RAVANNES.

Voyez le grand malheur de ne pas épouser monsieur Charlot ! Avec un minois comme le votre, Georgette, on ne manque jamais d'amoureux.

GEORGETTE.

Je n'en ai pourtant pas d'autre.

RAVANNES.

Et moi donc ?

GEORGETTE.

Comment ! vous voulez être mon mari ?

RAVANNES.

Votre mari..... c'est autre chose..... je ne conviendrais peut-
être pas à vos parens ; c'est leur affaire, que le mariage ;
la vôtre est de plaire, et vous y réussissez à merveille !

GEORGETTE.

Il n'y a pas de mal à cela, n'est-il pas vrai ? Eh bien, Charlot s'en plaint toujours.

RAVANNES.

Je vous le disais bien ; ce garçon n'a pas le sens commun,
et nous nous entendrons bien mieux ensemble ; qu'en pensez-vous Georgette ?

GEORGETTE.

Mais oui ; je crois que je vous devine ?

RAVANNES.

Vous ne savez pas combien je vous trouve aimable !

GEORGETTE.

Ah ! que si fait ! je m'en suis aperçue, et Charlot aussi ; ça lui fait plus de peine qu'à moi , et c'est pour le rassurer que je voudrais l'épouser le plus tôt possible.

RAVANNES.

Eh bien ! je me charge d'y faire consentir votre mère.....

GEORGETTE.

Ah ! vous vous en chargez !

RAVANNES.

Promettez-moi seulement de m'aimer un peu.

DUO.

GEORGETTE.

Vraiment ! il faut que l'on vous aime ?
J'y songerai , monsieur Robert.

RAVANNES.

J'ai pour vous un amour extrême ,
Et mes yeux vous l'ont découvert.

GEORGETTE.

Je crois à votre amour extrême.

RAVANNES.

Douteriez-vous de mon amour extrême ?

GEORGETTE.

J'aurais tort en effet.

Ensemble.

RAVANNES.	GEORGETTE.
Avec les filles du village ,	Pourtant, j'y croirais davantage
Ce n'est qu'un simple badinage.	Si , de votre constant hommage ,
Mais , Georgette , de mon hom-	Toutes les filles du village ,
mage ,	
Vous êtes le premier objet.	Tour à tour n'étaient pas l'objet.

SCÈNE IV.

LES MÊMES, CHARLOT (*derrière*).

TRIO.

Ensemble

RAVANNES (*à part*).

Souris malin, grâce parfaite,
Regard si doux !
De ce Charlot près de Georgette,
Vraiment je suis jaloux.

GEORGETTE.

Le sournois est là qui me guette,
Amusons-nous.
Allons, soyons un peu coquette,
Pour punir un jaloux.

CHARLOT.

C'est encor lui près de Georgette,
Approchons-nous :
Elle sera toujours coquette,
Et moi toujours jaloux.

RAVANNES.

Vraiment on n'est pas plus jolie !
Tournez sur moi ces yeux charmans.
(*Elle le regarde tendrement.*)

CHARLOT (*à part.*)

Voyez, voyez la perfidie !

GEORGETTE (*à part*).

Ah ! vous doutez de mes sermens.

RAVANNES.

Parlons avec franchise,
Vous méritez un meilleur lot:
Se peut-il que de ce Charlot,
Georgette, vous soyez éprise?

CHARLOT (*à part, en s'approchant toujours*).

Voici l'instant de la crise.
Pauvre Charlot !
N'en perdons pas un mot.

GEORGETTE.

Oui, j'en conviens avec franchise ,
Le bon Charlot
A bien quelque défaut ;
S'il faut que je le dise ,
Il est, entre nous ,
Grondeur et jaloux ,
De sa douce amie ,
Toujours se défie
Et passe sa vie
A la tourmenter.
Il guette ,
Furette ,
Jamais ne s'arrête ;
Nuit et jour en quête ,
Comment l'éviter ?
Dans un tête à tête
Qu'on ne cherchait pas
En vrai trouble-fête
Il vient pas à pas ,
Approche , s'arrête ,
On parle tout bas ;
On tourne la tête ,
Il est sur vos bras.

(Elle se retourne brusquement et surprend Charlot qui écoute).

RAVANNES.

Vraiment on ne peut mieux s'y prendre
Et l'on doit vous féliciter ;
Monsieur Charlot doit bien entendre ,
Car il sait fort bien écouter.

GEORGETTE.

De votre adresse à nous surprendre
Vous devez vous féliciter ;
Monsieur Charlot a dû m'entendre ,
Il était bien pour écouter.

CHARLOT (*à part*).

Comme un sot je viens là me prendre ,
Je n'y peux jamais résister ;
Je venais là pour la surprendre ,
Et je suis pris sans m'en douter.

Ensemble.

VILLEROI (*dans la maison*).

Jules!

RAVANNES.

J'y vais. Je voudrais bien savoir ce que vous faisiez-là, monsieur Charlot.

CHARLOT.

Notre bourgeois.... c'est que je venais vous dire.... que votre frère vous appèle.

RAVANNES.

Ah! c'est pour cela....

VILLEROI (*à Ravannes qu'il emmène*).

Mais viens donc vîte! Dutreillage veut écrire lui-même.

RAVANNES.

C'est fort ça!.... Georgette, songez à ce que je vous ai dit.

SCÈNE V.

CHARLOT, GEORGETTE.

CHARLOT.

Eh bien, mademoiselle Georgette?

GEORGETTE.

Eh bien, monsieur Charlot?

CHARLOT.

Vous osez encore dire que vous m'aimez?

GEORGETTE.

Peut-être bien qu'oui. Qui sais.... je suis capable de ça.

CHARLOT.

Quand j'ai vu....

GEORGETTE.

Qu'est-ce que vous avez vu? parlez, monsieur le sournois?

CHARLOT.

Eh bien! j'ai vu que monsieur Robert vous aime, qu'il

vous cherche toujours, qu'il vous rencontre partout ; preuve
que vous ne l'évitez pas.

GEORGETTE.

Vous verrez aussi que c'était pour lui que je m'étais mise
à travailler à notre porte ; que je m'égosille à chanter depuis
une heure : vous êtes bien heureux, Charlot, que je n'aie
pas le tems de me mettre en colère ; sans cela.... mais quand
on n'a qu'un moment, faut pas le perdre en dispute.

CHARLOT.

Eh bien! t'as raison, Georgette, raccomodons-nous avant
de nous fâcher.

GEORGETTE.

Auparavant, faut que je t'apprenne deux choses : la
première, est que ma mère ne veut plus entendre parler de notre mariage si tu ne quittes pas, dès aujourd'hui,
la maison des frères Robert; la seconde, c'est que mon
père ne veut nous marier qu'à condition que tu y reste-
ras.

CHARLOT.

Pour le coup je ne vois pas le moyen de les mettre d'ac-
cord.

GEORGETTE.

Il y en a bien un, mais je ne veux pas l'employer sans
avoir ton consentement.

CHARLOT.

De quoi ce qu'il s'agit ?

GEORGETTE.

D'aimer un peu ce beau monsieur Robert ; et il dit comme ça qu'il se charge de notre mariage.

CHARLOT.

Comment! il faut que tu l'aimes pour m'épouser? tiens,
vois-tu, Georgette, tu ne te défies pas assez de cet homme-là.

2

COUPLETS

Monsieur Robert est de ces gens
Toujours prêts à rendre service ;
Mais de ces hommes obligeans,
Je redoute les bons offices ;
De lui je n'aurai pas besoin ,
Grand merci de son zèle extrême ;
Et mon mariage est un soin
Que je veux prendre moi-même.

C'est pour mon bien ce qu'il en fait ;
Oui vraiment , j'en ai l'assurance ;
Et pourtant d'un pareil bienfait
Très-volontiers je le dispense :
Je le connais, il va grand train ,
S'il se mêlait de cette affaire ,
Ma Géorgette , j'en suis certain ,
Je n'aurais plus rien à faire.

GEORGETTE.

Ça , c'est vrai , car je crois que ces gens-là sont sorciers ,
ils font une dépense ! ça ne peut pas durer longtems, c'est
impossible.

CHARLOT.

En attendant ils me payent bien , je fais ma pelotte chez
eux , et si ta mère voulait tant seulement entendre raison....

GEORGETTE.

Rien que cela ?

Mme BERNARD (*en dedans*).

Georgette !

CHARLOT.

C'est elle, je m'enfuis bien vîte.... tu me diras quand il y
fera bon. (*Il sort.*)

SCÈNE VI.

DUTREILLAGE, GEORGETTE, Mme BERNARD
RAVANNES.

Mme BERNARD.

Georgette !

GEORGETTE.

Ma mère!

Mᵐᵉ BERNARD.

Où êtes-vous donc ?

GEORGETTE.

Je travaille à la porte; il fait si beau !

Mᵐᵉ BERNARD.

Si beau ! Mademoiselle fait comme son père; elle ne peut pas rester à la maison. (*à part.*) Faut pourtant que j'aille le tirer de là.... Rentrez petite fille. (*Georgette rentre et madame Bernard va chez le voisin.*)

DUTREILLAGE (*un peu gris*).

Bonjour, chère voisine de mon cœur.

Mᵐᵉ BERNARD (*sèchement*).

Votre servante. (*Elle entre à la* Couronne).

RAVANNES.

Ils font tant de bruit là-dedans qu'on ne peut s'entendre, nous serons mieux ici, Commandant. Voilà tout ce qu'il faut pour écrire.

DUTREILLAGE.

C'est l'affaire du moment. Je vais te dicter ça, il s'agit....

RAVANNES.

De la lettre du Prévôt, la voici.

DUTREILLAGE (*prenant la lettre qu'il regarde*).

Qu'est-ce qu'il chante le Prévôt? voyons ça.... on.... on.... c'est écrit à la diable !

RAVANNES.

Il vous mande de faire des recherches dans les environs.

DUTREILLAGE.

Des recherches ? sur qui ?.... sur quoi ?.... on s'explique.

RAVANNES.

C'est ce qu'il fait : vos recherches doivent avoir pour objet de déterrer, dans les environs, deux hommes....

DUTREILLAGE.

Je vois ça d'ici.

RAVANNES.

Deux hommes qui se cachent avec un soin extrême.

DUTREILLAGE.

J'entends.

RAVANNES (*étonné*).

Comment! vous savez donc?

DUTREILLAGE.

Suffit. Ecrivez, mon secrétaire (*il dicte*). « Monsieur le
« Prévôt.... virgule.... je sais.... je pense.... il serait possi-
« ble.... en faisant des recherches.... » Comment ai-je dit?

RAVANNES (*lisant ce qu'il a écrit*).

« Monsieur le Prévôt, je me suis occupé des recherches
« que vous m'avez ordonnées, et je me suis transporté moi-
« même sur tous les points de mon arrondissement.

DUTREILLAGE.

De mon arrondissement.... c'est ça.... sur tous les points
de mon arrondissement quelconque : en sorte (*il dicte*),
tu entends....

RAVANNES.

J'y suis.

DUTREILLAGE (*dictant*).

En sorte que je suis certain, et même que je présume,
si les personnes en question.... répétez-moi les derniers
mots.

RAVANNES (*lisant*).

« Je crois avoir acquis la certitude que les personnes dont
« le signalement m'a été transmis,....

DUTREILLAGE.

Doucement, fais donc attention que les personnes en
question !.... Quand on écrit il faut que le stile soit clair
et net comme un verre.

RAVANNES.

« Ne se trouvent pas dans le pays sur lequel s'étend ma

« surveillance ; s'il arrivait qu'elles s'y présentassent, elles
« ne tarderont pas à être arrêtées ».

DUTREILLAGE (*continuant à dicter*).

A être arrêtées, ainsi que tous les coquins avec lesquels,
j'ai l'honneur d'être, *etc*.

RAVANNES.

Elle est fort bien votre lettre ?

DUTREILLAGE.

C'est tout simple : l'habitude d'écrire donne beaucoup
de facilité.

RAVANNES.

Signez.

DUTREILLAGE (*signant*).

A main levée ; vois-tu la paraphe ?

RAVANNES.

Maintenant, Commandant, je pense qu'il faudrait faire
partir sur le champ cette dépêche.

DUTREILLAGE.

A l'instant même ; j'ai une occasion (*il s'en va et revient*),
Ah! ça, dites - donc ? monsieur Robert, je pense à une
chose : quand je dis au Prévôt que ces deux messieurs ne
sont pas cachés dans mon district, es - tu bien sûr que j'en
sois sûr ?

RAVANNES.

Ils n'y sont pas plus cachés que moi ; tudieu! vous les
auriez bientôt dépistés.

DUTREILLAGE.

Je n'en manque pas un, c'est vrai.

RAVANNES.

Un coup-d'œil d'aigle.

DUTREILLAGE.

Et la finesse d'un vieux renard.   (*Il sort.*)

SCÈNE VII.

FINAL.

RAVANNES, VILLEROI.

VILLEROI.

Eh bien ! cette lettre maudite ?

RAVANNES.

Eh bien ! elle est écrite,
Et comme il faut.

VILLEROI.

En vérité ?

RAVANNES.

Tu peux dormir en sureté.

Ensemble.

Du cerf léger que l'on menace,
Les limiers ont perdu la trace.
Le piqueur crie en vain taïaut !
La meute est en défaut.

RAVANNES.

Reprenons notre douce vie,
Et remercions le destin.

VILLEROI.

Sais-tu qu'une femme jolie
Habite le château voisin.

RAVANNES.

Et la belle Emilie.

VILLEROI.

Crois-tu que je l'oublie ?

Ensemble.

Toi } l'oublier, jamais.
Moi }

SCÈNE VIII.

LES MÊMES, Mme BERNARD, M. BERNARD (*à moitié ivre*).

Mme BERNARD (*entraînant son mari*).
Tu sortiras !

BERNARD.
Ma chère femme,
Vraiment vous m'arrachez l'âme.

Mme BERNARD.
On te demande à la maison.

BERNARD.
Il faut avoir de la raison.

Mme BERNARD.
Tu t'y prends à merveille.

BERNARD.
Je n'ai pas fini ma bouteille.

VILLEROI (*à Ravannes, à part*).
Regarde un peu le cher voisin.

RAVANNES.
Sa femme le tourmente.

VILLEROI.
Il aime un peu trop notre vin.

RAVANNES.
Ah ! ma foi, sa fille est charmante.

VILLEROI.

Toujours quelque objet nouveau
Occupe sa tête légère,
Et le dernier qui sait lui plaire,
Lui semble toujours le plus beau.

A quatre.

RAVANNES.

Je m'a m'aperçois qu'un goût nouveau,
D'Emilie a pu le distraire,
Mais il faut être pour lui plaire,
Tout le moins dame de château.

Mᵐᵉ BERNARD.

A quatre.

Ah ! quel tourment, et quel fardeau
Qu'un buveur, pour sa ménagère ;
Le jour, il n'aime que son verre,
Et dort la nuit comme un blaireau.

BERNARD.

Bourgogne, Champagne, Bordeaux,
Pays charmans que je révère,
Je donnerais toute la terre
Pour le moindre de vos côteaux.

SCÈNE IX.

LES MÊMES, CHARLOT, GEORGETTE.

CHARLOT (derrière).

Chut..... chut..... bonne nouvelle,
Nos affaires sont en bon train.

VILLEROI (à part, à Ravannes).

Vois-tu Charlot avec sa belle ?

RAVANNES.

Ah ! l'infidelle !

CHARLOT (à Georgette).

Ton père m'a promis ta main.

GEORGETTE.

Et ma mère, que dira-t-elle ?

CHARLOT.

Je vais lui parler.

UN COURRIER (qui entre, à Ravannes).

Oh ! garçon !

Indiquez-moi, je vous en prie,
La meilleure hôtellerie.

RAVANNES (le regardant).

Pour gens de votre façon,
Entrez dans cette maison.
(Il lui montre la maison de Bernard.)

Mme BERNARD.

Qu'elle insolence !

RAVANNES.

Allez à la *Providence*,
Les gens de pied n'y sont pas mal.

Mme BERNARD.

Voyez l'impertinence !
Nous logeons à pied et à cheval.

LE COURRIER.

Mon maître a brisé sa chaise.

VILLEROI.

Voisine, logez-le chez vous.

LE COURRIER.

Sa fille est avec lui.

VILLEROI (*vivement*).

Ceci change la thése.
Tiens, prends, et conduis-les chez nous.

LE COURRIER.

Les voici.

SCÈNE X.

LES MÊMES, EMILIE, FAVANCOURT, (*deux laquais.
derrière portent des malles*).

GEORGETTE, BERNARD, Mme BERNARD (*courant aux voyageurs*).

Notre auberge est bonne ;
Vous y serez à juste prix.

RAVANNES, VILLEROI.

Entrez, entrez à la *Couronne*,
Vous y serez comme à Paris.

Ensemble.

Entrez, entrez, sans plus attendre.

FAVANCOURT, EMILIE.

On ne sait auquel entendre.

Ensemble.

Vous y serez à juste prix,
Vous y serez comme à Paris.

VILLEROI (*s'avançant auprès d'Emilie*).

Tout comme à Paris, je vous jure.

VILLEROI, EMILIE (*se reconnaissant*).

Ciel !

RAVANNES, FAVANCOURT.

Qu'est-ce donc ?

EMILIE (*se remettant*).

   Ce n'est plus rien.

VILLEROI (*à Ravannes*).

Ah ! quel bonheur ! regarde.

RAVANNES.

   Eh bien ?

VILLEROI (*à Ravannes*).

C'est Emilie !

RAVANNES.

   Autre aventure !

VILLEROI.

Oh ! rencontre prospère,
Celle qni m'est chère,
Emilie en ces lieux !
C'est elle, c'est son père ;
Une vaine chimère
N'abuse pas mes yeux.

EMILIE.

Quel étrange mystère ?
Que résoudre, que faire ?
Un mot les perd tous deux.
Si je parle à mon père,
Il est juste..... sévère.....
Je dois trembler pour eux.

RAVANNES.

Examinons l'affaire,
Cette tête légère
Ne voit que deux beaux yeux.

A huit.

A huit. {

Et moi je vois un père ;
S'il perce le mystère ,
Il faut quitter ces lieux.

FAVANCOURT.

Pourquoi tant de mystère ?
Voyez la belle affaire.
Entrons chez l'un des deux.
Pour faire bonne chère ,
Si tu m'en crois , ma chère ;
La *Couronne* vaut mieux.

BERNARD , CHARLOT.

Je vois qu'on délibère ,
Nous perdrons   }
                     } son affaire ;
Il perdra   }
Ils vont entrer chez eux.

Mme BERNARD, GEORGETTE.

Ils ont séduit le père ,
Mais la fille , j'espère ,
Ne sera pas pour eux.

VILLEROI (*à Ravannes*).

Quoi ! madame balance ?

FAVANCOURT (*à sa fille*).

Allons , décidez-vous.

RAVANNES (*à Emilie, à part*).

Le Ciel vous a conduit chez nous.

VILLEROI, Mme BERNARD , GEORGETTE, CHARLOT.

Accordez-nous   }
                        } la préférence.
Vous nous devez   }

FAVANCOURT.

Finissons , finissons .

GEORGETTE, Mme BERNARD (*à Emilie*).

Au nom de la Providence ,
Vous nous devez la préférence.

FAVANCOURT.

Finissons , finissons.

EMILIE (*à son père, montrant M*^me* Bernard*).

C'est une mère de famille.

Mme BERNARD ET GEORGETTE.

Et nos voisins sont des garçons.

EMILIE (*montrant Georgette*).

J'aime cette jeune fille.

FAVANCOURT.

Eh bien entrons et finissons.

A huit.

EMILIE.

Que je crains ma faiblesse !
Hâtons-nous de sortir.
Du trouble qui me presse,
Je ne suis pas maîtresse,
Ma crainte, ma tendresse
Est prête à me trahir.

VILLEROI.

Ma voix envain la presse,
Elle cherche à me fuir.
Voilà cette promesse,
Garant de sa tendresse !
Le trouble qui m'oppresse
Est prêt à me trahir.

RAVANNES.

De ce choix qui le blesse
Il ne peut revenir ;
Le dépit qui le presse,
Le trouble qui l'oppresse,
La fureur, la tendresse,
Sont prêts à le trahir.

FAVANCOURT.

Et vîte, qu'on se presse,
Songez à nous servir.
Ma foi je le confesse,
Une table qu'on dresse,
Dans la faim qui me presse,
Est le premier plaisir.

BERNARD, Mme BERNARD, GEORGETTE, CHARLOT.

A huit.

Vîte ; que l'on s'empresse,
Nous allons vous servir,

Mais dans { votre / notre } détresse,

Cette table qu'on dresse,
Voyons par quelle adresse
Vous pourrez / Nous pourrons } la servir.

(Emilie et son père entrent dans la maison de Bernard.)

FIN DU PREMIER ACTE.

ACTE II.

*Le théâtre représente une salle d'auberge de campagne,
dans laquelle donnent plusieurs chambres.*

SCÈNE PREMIÈRE.

EMILIE (*seule, sortant de la chambre à droite*).

AIR.

Non je ne reviens pas de ma suprise extrème ;
Lui, sous cet habit !.... dans ces lieux ;
Mais je l'ai revu, c'est lui-même,
J'en crois et mon cœur et mes yeux ;
Sur le péril qui l'environne
Je ne puis rassurer mon cœur ;
Au sentiment de mon bonheur,
Tremblante encor je m'abandonne ;
Je veux, je crains, j'espère,
Je tremble tour à tour :
Sans cesse à moi-même contraire,
Je ne sens bien que mon amour :
Je cherche et je fuis la raison qui m'éclaire.

Que je m'en veux d'avoir cédé à de vaines considérations.
J'aurais pu le voir, lui parler.... nous n'avons qu'une heure
ou deux à rester ici, et j'ai si bien fait que j'en partirai sans
avoir pu lui dire un seul mot.

SCÈNE II.

ÉMILIE, GÉORGETTE.

EMILIE.

Eh bien, Georgette, je ne vois pas que les préparatifs de
notre dîner avancent. Fort heureusement mon père s'est
endormi en arrivant, mais il va se réveiller, et, si tout n'est
pas prêt....

GEORGETTE.

Je suis tranquille, tout ira bien, maintenant que nos voisins s'en mêlent.

EMILIE.

Quels voisins ?

GEORGETTE.

Tenez, Mademoiselle, je ne vous cache rien ; vous êtes si bonne, on peut tout vous dire. C'est que, voyez-vous, notre maison n'est pas très-bien fournie pour l'instant, et nous avons été obligés de nous adresser à la *Couronne* pour tout plein de petites choses qui nous manquaient.

EMILIE.

Ils ont consenti à vous les procurer ; ce sont de bien bonnes gens, à ce qu'il paraît ?

GEORGETTE.

Tout au contraire, Charlot et moi, nous croyons que c'est le diable, ou quelque chose d'approchant.

EMILIE.

Mais pour quelle raison ?

GEORGETTE.

Imaginez-vous, qu'il y a trois mois, il n'y avait que notre auberge dans ce village, et, par ainsi, tous les voyageurs venaient chez nous. Pierre Grosbois, qui tenait l'autre auberge, était mort, et depuis un an sa maison était à vendre. V'la qu'un beau matin en nous éveillant, nous la trouvons ouverte, avec une belle enseigne d'or : *A la Couronne, chez les frères Robert, bon logis, bonne table, vins de toutes les qualités, au même prix que le vin du cru.* Tout le monde croyait d'abord que s'était une attrappe, mais point du tout, c'est qu'ils le font comme ils le disent ; dès le lendemain, festin général ; le plus jeune des frères Robert se met à faire danser les filles, sous les maronniers devant sa maison, et depuis ce tems-là, c'est comme qui dirait, une noce qui n'en finit pas.

ÉMILIE.

Mais les habitans du village doivent se ruiner ?

GEORGETTE.

Pardine oui ! on leur donne tout pour rien, et on leur fait
crédit du reste.... aussi, on les aime !....

EMILIE.

Les jeunes filles aussi les aiment ?

GEORGETTE.

Surtout l'aîné !

EMILIE (*avec une curiosité inquiète*).

Celui qui les fait danser, sans doute ?

GEORGETTE.

Eh bien non, c'est l'autre ; parce qu'il est encore plus
gai, plus galant, plus.... au point qu'on en jase dans le
village.

EMILIE.

On en jase ?

GEORGETTE.

Ah ! mon dieu oui, tout le monde excepté moi ; et pourtant Charlot me dit tout. Mais je ne suis, dieu merci, ni
curieuse, ni indiscrète. Les petites filles me questionnent,
je ne sais rien, Mesdemoiselles. — As-tu vu comme la petite Françoise a de beaux habits ? d'où que ça lui vient ? —
Ce ne sont pas vos affaires. — C'est, voyez-vous, on me
tuerait plutôt que de m'arracher une parole.

EMILIE.

Ça ne vous empêchera pas de me dire....

GEORGETTE.

A vous, non vraiment, Mademoiselle ?

DUO.

EMILIE (*toujours avec inquiétude*).

Allons, contez-moi ça, Georgette ;
Que dit-on de ces jeunes gens ?

GEORGETTE. (*Emilie répète chaque vers.*)

On dit qu'à Suzane , à Lisette ,
Même à plus d'une autre fillette,
L'un des deux a conté fleurette,
Et qu'il a trahi ses sermens,

EMILIE.

Mais lequel de ces jeunes gens ?

GEORGETTE.

Le plus âgé…. c'est Jules qu'on l'appelle.

EMILIE.

Fort bien , (*à part*) ô recherche cruelle.
(*haut*) Et l'autre ?

GEORGETTE.

Il cache mieux son jeu;
Il sort bien moins, il parle peu ,
Mais il en tient pour quelque belle.

EMILIE.

Vous le croyez ? (*à part*) l'infidèle !

GEORGETTE.

Si je le crois ? assurément,
Charlot m'a dit…..

EMILIE.

L'ingrat m'oublie !

GEORGETTE.

Que d'une certaine Emilie
Il l'entendait parler souvent.

EMILIE (*avec vivacité*).

Que d'une certaine Emilie ?….

GEORGETTE.

Il l'entendait parler souvent.

Ensemble.

EMILIE.	GEORGETTE (*à part*).
Je respire , c'est d'Emilie ,	Elle Connaît cette Emilie ;
Qu'en secret,	J'ai mal fait
Son cœur s'occupait.	De dire un secret.

3

Qu'il est doux d'apprendre   Mais elle a l'air tendre ;
Un aveu si tendre,   Et sans le répandre,
Que brûlait d'entendre   Elle peut surprendre
L'amour inquiet.   Un pareil secret.

GEORGETTE.

Vous saurez aussi qu'à moi-même
On me fait la cour ;
On me dit qu'on m'aime.

EMILIE.

Il vous parle d'amour ?

GEORGETTE.

A moi-même.

EMILIE (*à part*):

J'avais trop tôt compté
Sur sa fidélité.
(*Haut.*)   Il vous dit qu'il vous aime?

GEORGETTE.

Oh mais, qu'il m'aime
D'amour extrême !

EMILIE.

C'est le plus jeune qui vous dit?.....

GEORGETTE.

Non..... c'est de l'aîné qu'il s'agit ,
C'est lui qui brûle pour Georgette.

EMILIE (*en riant*).

Et pour Suzanne et pour Lisette
A tous ces propos, croyez-moi ,
Gardez-vous bien d'ajouter foi.

Ensemble.

EMILIE (*à part*).   GEORGETTE (*à part*).

Ma tendresse craintive   Jeune, simple, naïve ,
Redoutait sa candeur,   J'échappe au séducteur ;
Et sa bouche naïve ,   D'une oreille craintive
A rassuré mon cœur.   J'écoute le flatteur.
Edmond , de ma souffrance ,   Coquette avec prudence ,
Je bénis la rigueur ;   Adroite avec candeur ,

Je trouve dans l'absence   Charlot, sur ma constance,
Le gage du bonheur.   Peut, avec assurance,
                                  S'en fier à mon cœur.

EMILIE (*à Bernard, qui entre avec sa femme*).

Je crois entendre mon père ; monsieur Bernard, vous êtes
cause que je vais être bien grondée. (*Elle laisse son voile
et son chapeau sur une chaise.*)

BERNARD.

On vous sert, Mademoiselle. (*à Georgette*) Georgette,
allez aider en bas. (*à Emilie*) Vous verrez si c'est un dîner
cela. (*Georgette descend, Emilie rentre.*)

SCÈNE III.

BERNARD, Mme BERNARD.

BERNARD.

Souvenez-vous, ma femme, que les buveurs sont toujours
des honnêtes gens, Là, dis-moi, si ce n'est pas une belle
action de la part de nos voisins, de nous tirer de l'embarras
où nous étions ?

Mme BERNARD.

Voilà-t-il pas une grande merveille. Ils sont marchands
pour vendre, et qu'importe qu'on mange leur dîner et qu'on
boive leur vin ici ou chez eux ? Ne faudra-il pas toujours
les payer ?

BERNARD.

Payer ! Comme à l'ordinaire..... Le quart de ce que ça
vaut.

Mme BERNARD.

Bah ! bah ! ne nous ont-ils pas dit eux-mêmes qu'ils se
retiraient sur la quantité ?

BERNARD.

Mais s'ils perdent sur chaque bouteille, il ne doivent
pas gagner sur la pièce. C'est que j'ai réfléchi à ça ; et je

me suis dit qu'on a beau additionner des pertes, çà ne peut
pas donner un grand bénéfice.

Mme BERNARD.

Qu'ils s'enrichissent, qu'ils se ruinent, je n'en suis pas
là-dessus, et ce n'est pas pour cela que je leur en veux.

BERNARD.

Je ne vois pas d'autre raison.

Mme BERNARD.

Je le crois bien ! Quand vous êtes en face d'une bouteille
de vin, est-ce que vous voyez quelque chose, monsieur Bernard ? Tant il y a que depuis plus de quarante ans que je
suis au monde, il n'y avait pas eu un mot à dire sur les
filles et sur les femmes de notre endroit. Les pères et les
maris pouvaient aller la tête haute..... Maintenant.....

BERNARD.

Vous me faites peur, madame Bernard. Qu'est-ce qu'il y
a donc ?

Mme BERNARD.

Il y a que depuis que vos Robert sont ici, c'est tous les
jours nouvelle histoire. Suzane par-ci, Madelaine par-là,
et puis la petite Françoise ; et puis..... Je ne veux pas dire
tout ce que je sais.

BERNARD.

Madame Bernard, je suis tranquille de votre côté ; voilà
l'essentiel.

Mme BERNARD.

Avec votre air ricanneur, je voudrais bien savoir pourquoi vous êtes tranquille ?

BERNARD.

Je vous connais, madame Bernard, et ce n'est pas après
quarante ans de vertu, pour le moins, que l'on peut.....

Mme BERNARD.

Quarante ans !..... et votre fille qui n'a point ces quarante
ans de vertu ?

BERNARD.

Elle a votre exemple ; mais pour plus de sûreté, si vous m'en croyez, ma femme, nous la donnerons à ce Charlot qu'elle aime.

Mme BERNARD.

Ah bien oui, qu'il y compte, tant qu'il restera dans la maison de ces mauvais sujets !

BERNARD.

(*On apporte des plats qu'on pose sur une table.*)

Voilà le dîner ; je vais. (*Il va pour entrer dans l'appartement d'Emilie.*)

Mme BERNARD.

Cela me regarde. Vous savez bien qu'il n'y a que moi et Georgette qui pouvons entrer. (*Elle entre dans la chambre.*)

SCÈNE IV.

BERNARD, GEORGETTE, RAVANNES, VILLEROI.

QUATUOR.

GEORGETTE.

(*Elle apporte des assiettes, et Ravannes la poursuit sans voir Bernard.*)

Laissez-moi donc, monsieur Robert.

RAVANNES.

C'est un baiser qu'on vous demande.

VILLEROI.

Prends donc garde que l'on n'entende.

GEORGETTE.

Je vais casser tout le dessert.

RAVANNES.

Peu m'importe.

VILLEROI.

Quelle folie !

GEORGETTE (*à Villeroi*).

Venez, Monsieur, à mon secours.

VILLEROI.

A moi la petite a recours.

GEORGETTE.

Au nom de la belle Emilie ,
Venez , Monsieur, à mon secours.

VILLEROI.

Tu l'entends ; au nom d'Emilie,
Je dois voler à son secours.

RAVANNES.

N'en déplaise à ton Emilie.

(*Il va pour embrasser Georgette , Bernard se met entre deux.*)

BERNARD.

C'est moi qui viens à son secours.

Ensemble.

RAVANNES.	BERNARD, GEORGETTE, VILLEROI.
La peste soit de l'aventure ,	A cette fâcheuse aventure ,
J'ai tous les pères sur les bras ;	Mon galant ne s'attendait pas ;
Voyez quelle sotte figure	Voyez quelle sotte figure
Un homme fait en pareil cas !	Un homme fait en pareil cas !

RAVANNES (*à Bernard , en lui montrant le dîner*).

Vous êtes content je l'espère ?

BERNARD.

Et mais c'est tout au plus.

RAVANNES.

Vos hôtes feront bonne chaire.

BERNARD.

Voyez-vous , c'est que je suis père.....

RAVANNES.

J'ai mis dix bouteilles de plus.

BERNARD.

Dix bouteilles ?

RAVANNES.

Des meilleurs crus.

BERNARD.

Mais c'est beaucoup trop, ce me semble.

RAVANNES, VILLEROI.

Eh bien, nous les boirons ensemble.

BERNARD.

Nous les boirons? N'en parlons plus.

Ensemble.

RAVANNES, VILLEROI (*à part*).	GEORGETTE (*à part*).
Ce mot fait toujours merveilles,	Ce mot fait toujours merveilles,
Vois-tu comme il réussit.	Le voilà qui réussit.
Dès qu'on parle de bouteilles,	Dès qu'on parle de bouteilles,
Notre homme se radoucit.	Mon père se radoucit.

VILLEROI (*bas, à Ravannes*).

Mon ami, elle va partir dans une heure.

RAVANNES (*bas, à Villeroi*).

Eh bien! tu la verras dans un moment,

VILLEROI (*bas, à Ravannes*).

Mais ce butord de Bernard, comment le renvoyer?

RAVANNES.

(*bas.*) Belle difficulté, vraiment. (*haut.*) Il a raison, père
Bernard, vous l'avez oublié tout net.

BERNARD.

Quoi donc!

RAVANNES.

Nous venons ici pour savoir s'il ne vous manque rien...
Le café et la liqueur.....

BERNARD.

Çà, c'est vrai, je l'avais oublié, mais je vas vous dire.....

RAVANNES.

Courez vîte chez nous, parlez à Charlot; c'est l'affaire d'un
moment..... allez. (*Il le pousse vers la porte.*)

BERNARD (*se retournant*).

J'y cours..... Georgette !

GEORGETTE (*allant vers la chambre des étrangers*).

Il faut que j'entre chez ce Monsieur, pour aider ma mère.

RAVANNES (*à Georgette*).

Ecoutez donc ; j'ai quelque chose de très-sérieux à vous dire.....

BERNARD (*revenant*).

Permettez donc !

RAVANNES (*le repoussant tout à fait dehors*).

Mais, va donc, maudit bavard.

GEORGETTE (*entrant dans la chambre*).

Votre servante, monsieur Robert. (*Elle sort.*)

SCÈNE V.

RAVANNES, VILLEROI.

RAVANNES.

La maudite engeance que les pères et les maris ; ils me poursuivent partout !

VILLEROI (*très-vivement*).

Mon ami, j'ai parlé au courrier. Les chevaux sont commandés pour quatre heures ; elle va partir sans que j'aie pu lui dire un seul mot, sans que je puisse savoir.....

RAVANNES.

Ta belle en ces lieux va se rendre.

VILLEROI.

Qui te l'a dit ?

RAVANNES.

Ai-je besoin qu'on me dise ce qu'une femme fera dans telles ou telles circonstances, et suis-je, comme toi, un grand innocent qui ne prévoit rien et qui s'effarouche de tout.

VILLEROI.

Vous verrez qu'on doit s'attendre à rencontrer quelqu'un qui vous évite, et qu'on ne doit pas craindre de voir partir les gens qui vont monter en voiture.

RAVANNES.

Si je te disais, moi, qu'au lieu de t'éviter, l'on te cherche, et que les gens qui se préparent à monter en voiture ont besoin pour cela de ma permission ; que dirais-tu ?

VILLEROI.

Je dirais que tu es fou.

RAVANNES.

Fort bien : en attendant prépare ton compliment. La belle Emilie ne tardera pas à paraître.

VILLEROI.

Mais encore un coup, comment le sais-tu ?

RAVANNES.

J'observe et je raisonne. Son père est à table, elle se doute que tu es ici. Le moment est favorable, elle le saisira par curiosité, si ce n'est pas par amour..... Tu vois bien ce voile ! Il n'a été oublié dans cette salle que pour se ménager le prétexte d'y venir.

VILLEROI.

Puisses-tu dire vrai !

RAVANNES.

J'entends quelqu'un.

GEORGETTE (*entre, regarde partout et dit en entrant :*)

Son sac à ouvrage ; il n'est pas là.

VILLEROI.

Tu vois comme elle vient elle-même, comme elle s'empresse.

RAVANNES.

Ah ! pauvre garçon, comment tu n'as pas l'esprit de deviner qu'on n'a envoyé Georgette chercher ici quelque chose qui n'y est pas, que pour savoir, sans faire semblant de rien, si nous y sommes ; et que..... Avais-je raison ?

SCÈNE VI.

LES MÊMES, EMILIE, GEORGETTE.

EMILIE.

C'est singulier..... Je l'aurais peut-être laissé dans la voiture..... Allez y voir, Georgette. (*Georgette sort.*)

RAVANNES (*voyant entrer Emilie*).

Elle ne le trouverait jamais sans moi. (*Il sort.*)

VILLEROI (*courant à Emilie*).

Ma chère Emilie !

EMILIE.

Ah ! c'est vous, monsieur le Chevalier, je suis si troublée... si émue.....

VILLEROI.

Il m'est donc permis de vous voir !

EMILIE.

Que de questions j'ai à vous faire !

VILLEROI.

Que de choses j'ai à vous dire ! et si peu de tems !

EMILIE.

Si peu de sûreté ! Apprenez-moi d'abord comment je vous trouve ici, quand je vous crois, et quand je vous écris en Espagne ? que signifie cet étrange déguisement ?

VILLEROI.

Il vous prouve que je n'ai pu me décider à mettre trois cents lieues entre nous, et que pour n'être pas découverts dans les auberges où nous sommes forcés de vivre, nous avons pris le parti d'en tenir une nous-même. Mais à votre tour, instruisez-moi des circonstances auxquelles je dois le bonheur inattendu de vous revoir.

EMILIE.

Vous n'avez donc pas reçu toutes mes lettres ? Je vous
mandais que mon père était de retour de son ambassade,
et qu'il avait le projet de me marier. Je ne lui ai pas laissé
ignorer mes sentimens pour vous, et quoiqu'il ne vous con-
naisse pas personnellement, votre nom, votre rang à la
cour eussent été près de lui des recommandations suffisan-
tes, mais vous êtes exilé, vous avez encouru la disgrâce
du Régent, la haine du Cardinal....

VILLEROI.

Je ne vois guère que la mort du-ministre qui puisse mettre
un terme à mon exil.

EMILIE.

Cette chance n'est pas la moins vraisemblable, à en ju-
ger par l'état actuel de sa santé; mais peut-être n'est-ce pas
la seule, et le poste qu'occupe aujourd'hui mon père, me
fait naître un nouvel espoir.

D U O.

VILLEROI.

D'un seul vœu mon âme est remplie,
Assurez-moi, belle Emilie ;
Que mon amour est partagé.

EMILIE.

Fidèle au serment qui me lie,
Vous comblez les vœux d'Emilie
Si votre cœur n'est point changé.

VILLEROI.

Vous avez toute ma tendresse.

EMILIE.

Mon cœur ne vous a point quitté.

VILLEROI.

Votre image me suit sans cesse.

EMILIE.

Que de pleurs vous m'avez coûté !

Ensemble.

Ce moment si doux et si tendre
A fixé mon sort sans retour ;
Mais nos âmes doivent s'entendre ;
J'ai des secrets à vous appprendre,
Ne parlons plus de notre amour.

VILLEROI.

Cinq mois d'absence !

EMILIE.

Quelle souffrance !

VILLEROI.

Que de regrets !

EMILIE.

De vains projets !
De vos alarmes
Je frémissais.

VILLEROI.

Toutes vos larmes
Je les versais.

EMILIE.

J'ai connu de la jalousie
Le triste et cruel sentiment.

VILLEROI.

Plus juste envers mon Emilie,
Je n'ai point connu ce tourment.

Ensemble.

Cet aveu si doux et si tendre
A fixé mon sort sans retour.
Mais nos âmes doivent s'entendre ;
J'ai des secrets à vous apprendre,
Ne parlons plus de notre amour.

EMILIE.

Nous allons nous quitter encore.

VILLEROI.

Apprenez quel est mon espoir ?

EMILIE.

Par vous mon père doit savoir....

VILLEROI.

Il saura que je vous adore.

Ensemble.

Nos cœurs, de cet aveu si tendre,
Sans cesse amènent le retour;
Et chacun de nous veut apprendre
Ce qu'il a pu cent fois entendre,
Sermens de constance et d'amour.

SCÈNE VII.

EMILIE, VILLEROI, RAVANNES.

RAVANNES (*entrant précipitamment*).

Puisqu'il faut qu'on vous interrompe, encore vaut-il mieux que ce soit moi qu'un autre.

EMILIE.

Ah! monsieur de Ravannes, que j'ai de plaisir à vous voir!

RAVANNES (*regarde le courrier qui traverse le théâtre*).

Si cela était vrai, partiriez-vous si vîte? Vous voyez votre courrier, il entre chez votre père....

EMILIE.

Puis-je m'opposer....

RAVANNES.

Je vous fournirais cent prétextes pour rester, aucun ne vaudra celui que vous pourriez trouver vous-même.

EMILIE (*en riant*).

Je compterais plus sur votre imagination que sur la mienne; mais je ne veux avoir recours ni à l'une ni à l'autre.

Mme BERNARD (*à Emilie*).

Voilà le petit compte que Mademoiselle a demandé.

ÉMILIE.

Entrez chez mon père, je vous suis madame Bernard.

Mme BERNARD.

Je ne passerai pas avant Mademoiselle.

ÉMILIE (à Villeroi).

J'avais encore à vous parler, nous allons partir; je n'en retrouverai plus l'occasion. Adieu, Messieurs. (*elle sort.*)

SCÈNE VIII.

RAVANNES, VILLEROI.

RAVANNES.

Eh bien, qu'as-tu appris dans cet entretien?

VILLEROI.

J'ai appris....

RAVANNES.

Favancourt a t-il une terre de ce côté? où vont-ils?

VILLEROI.

Je ne sais pas.

RAVANNES.

Que dit-on de notre affaire à la cour?

VILLEROI.

Je ne l'ai pas demandé.

RAVANNES.

Mais enfin, de quoi êtes-vous convenus?

VILLEROI.

De nous aimer toujours.

RAVANNES.

Voyez-vous? la belle résolution! ainsi vous vous quittez sans vous être interrogés sur ce qui vous intéresse, sans savoir ce qu'elle devient, où tu dois lui écrire?

VILLEROI.

Mais aussi nous n'avons été qu'un moment ensemble.

RAVANNES (*d'un ton sérieux*).

Eh bien, cette fois je t'accorde vingt-quatre heures ; auras-tu l'esprit d'en profiter ?

VILLEROI.

Que veux-tu dire ?

RAVANNES.

Que le comte de Favancourt et sa fille resteront ici jusqu'à demain, et que je viens de faire préparer leur logement à la *Couronne*, où ils seront d'une manière plus convenable.

VILLEROI.

Au lieu de répondre à cette fade plaisanterie, je vais écrire un mot à la hâte, et j'espère trouver le tems, l'occasion de le remettre à Emilie.

SCÈNE IX.

RAVANNES (*seul*).

Il y a des gens qu'il faut obliger malgré eux. Je le connais, si je lui avais expliqué mon projet, il aurait fallu répondre à toutes les objections, dissiper toutes les craintes ; nous n'en aurions jamais fini. Mais voilà notre homme.

SCÈNE X.

RAVANNES, DUTREILLAGE.

DUTREILLAGE.

On dit que tu me cherches partout.

RAVANNES.

Chut ! parlez bas.

DUTREILLAGE.

Est-ce qu'il y a des malades ici ?

RAVANNES,

Parlez donc bas, vous dis-je !

DUTREILLAGE.

Mais encore faut-il savoir.....

RAVANNES.

Quelle découverte!

DUTREILLAGE.

Explique-moi donc ?.....

RAVANNES.

Ce sont eux! j'en suis certain.

DUTREILLAGE.

Certain de quoi?

RAVANNES.

Je l'ai reconnu au premier coup-d'œil.

DUTREILLAGE.

Mais de par tous les diables, de qui parles-tu ?

RAVANNES.

Je me tue à vous le dire. Ces deux grands personnages que votre prévôt fait chercher.

DUTREILLAGE.

Eh bien! où sont-ils?

RAVANNES.

Nous en tenons au moins un.

DUTREILLAGE.

Pas possible!

RAVANNES.

Le marquis de Ravannes..... cinq pieds six pouces, cheveux gris.....

DUTREILLAGE.

Blonds.

RAVANNES.

C'est cela, gris-blonds, le front large, la démarche fière.

DUTREILLAGE.

C'est bien là son signalement.

RAVANNES.

Eh bien ! il est là, dans cette chambre; et dans cinq mi-
nutes, il part.

DUTREILLAGE.

Ah bon dieu !..... je vais..... attendez, mon cher Robert,
comment nous y prendre?

RAVANNES.

Rien de plus simple : il faut d'abord nous assurer du personnage et visiter ses papiers. Je reste ici. Vous, courez
chercher main-forte, et comme on vous recommande d'avoir
beaucoup d'égards pour ces messieurs, vous ferez conduire
celui-là chez nous, où il sera plus honorablement et plus en
sûreté.

DUTREILLAGE.

A merveille ! Je suis à vous dans l'instant. Oh ! la belle
capture ! Ne le perdez pas de vue, au moins. (*Il sort.*)

RAVANNES.

Il ne sortira pas tant que j'y serai..... j'en réponds.

SCÈNE XI.

RAVANNES (*seul*).

Voilà ce qui s'appelle une manœuvre savante ; faire arrêter
le père pour retenir la fille, et le faire arrêter à ma place !
Ces choses-là ne viendraient jamais dans la tête de ce pauvre Chevalier. Il perd sa maîtresse, probablement pour toujours, et monsieur soupire, écrit des petites lettres..... Ce
garçon-là aurait eu beaucoup de succès du tems des Croi-
sades.

FINAL.

Rondeau.

On aurait vu ce noble chevalier
En champ clos sur son dextrier
Combattre et ferrailler sans cesse
Pour mieux attendrir sa maîtresse;
On l'aurait vu courir les champs,
Vaincre et pourfendre des géants,

Eprouver à grands coups de lance
Et son amour et sa vaillance ;
Après dix ans de respect et d'amour,
Nous l'aurions vu près de sa dame
La nuit, le jour, roucouler sa flamme
Comme un langoureux troubadour.

Récitatif.

Et puis enfin ce tourterean fidèle,
Le dos voûté, les cheveux blancs,
Après avoir soupiré quarante ans,
Aurait fini par épouser sa belle.

RONDE.

Moi je ris de ces amoureux,
De ces céladons langoureux,
Et je leur répète sans cesse :
La beauté passe avec vitesse ;
Le temps vole, il éteint nos feux :
Commencez donc par être heureux,
Et laissez-là tous ces preux chevaliers
Qu'on voyoit sous leurs dextriers
Signaler par maintes prouesses
Et leur valeur et leurs maîtresses.

SCÈNE XII.

RAVANNES, VILLEROI.

DUO.

VILLEROI (*une lettre à la main*).

J'ai tout prévu dans cet écrit,
Mais il s'agit de le remetttre.

RAVANNES.

A quoi bon cette lettre ? (*Il la déchire.*)
On ne part pas, je te l'ai dit.

VILLEROI.

Tu me ferais perdre l'esprit.
Quand la voiture est à la porte,
Regarde,

RAVANNES.

Que m'importe.

VILLEROI.

Le courrier est parti.

RAVANNES.

C'est égal.
Les maîtres ici vont l'attendre.

VILLEROI.

Les postillons sont à cheval.

RAVANNES.

Eh bien, mon cher, fais-les descendre.

Ensemble.

VILLEROI.	RAVANNES.
C'est bien le cas, en vérité,	Je ne puis avec gravité
D'une fade plaisanterie,	Traiter une plaisanterie,
Ah! dans ce moment, je t'en prie,	Mais cependant, quoique je rie,
fais-moi grâce de ta gaieté.	Mon cher, je dis la vérité.

SCÈNE XIII.

LES MÊMES, EMILIE.

TRIO.

EMILIE.

Mon père vient, je le devance
Pour vous dire un mot.

RAVANNES.

Entre nous,
Parlez avec plus d'assurance,
Vous avez du tems devant vous.

EMILIE (*à Villeroi*).

Nous pourrons nous revoir, j'espère;

VILLEROI.

Ah! combien vous flattez mon cœur.

EMILIE.

Vous savez qu'en ces lieux mon père.....

RAVANNES (*avec emphase*).

Vous me devez votre bonheur.

4 *

Ensemble.

VILLEROI, EMILIE.	RAVANNES.
C'est bien le cas, en vérité,	Je ne puis avec gravité
D'une fade plaisanterie,	Traiter une plaisanterie ;
Ah! dans ce moment je { vous / te } prie,	Mais cependant, quoique je rie,
	Je vous ai dit la vérité.
Fais-moi grace de ta } gaieté.	
Epargnez-moi votre	

SCÈNE XIV.

LES MÊMES, CHARLOT, FAVANCOURT, Mme BER-
NARD, BERNARD, GEORGETTE.

FAVANCOURT.

Adieu, ma petite Georgette ;
Adieu, mes bonnes gens.

VILLEROI (*bas, à Ravannes, avec dédain*).

Ils ne partiront pas.

RAVANNES.

Non, je te le répète.
(*à part.*) Mon homme tarde bien longtems.
(*haut.*) Si Monsieur, par notre village,
Vient à repasser quelque jour,
Nous comptons bien sur l'avantage
De l'auberger à notre tour.

FAVANCOURT, EMILIE.

Il est charmant, votre village,
Et j'y viendrai } quelque jour.
Nous y viendrons

TOUS (*excepté Favancourt et Emilie*).

On danse } dans notre village.
On boit
On aime, } du bonheur c'est le vrai séjour.
On chante,

RAVANNES.   FAVANCOURT, EMILIE.

J'aperçois le fier Dutreillage,   Il est charmant, votre village,
Nous allons rire à notre tour.   Nous y reviendrons quelque jour.

EMILIE.

Adieu, ma petite Georgette.
Adieu.

FAVANCOURT.

Adieu mes braves gens.

VILLEROI (à Ravannes, avec impatience).

Partiront-ils ?

RAVANNES.

Non, je te le répète,
Ils sont ici pour quelque tems.

SCÈNE XV.

LES MÊMES, DUTREILLAGE (avec quatre gardes qu'il
place dans le fond).

DUTREILLAGE.

Au nom du roi, je vous arrête.

EMILIE.

Que dit-il ?

FAVANCOURT.

M'arrêter ? qui, moi ?

DUTREILLAGE.

Je vous arrête au nom du roi.

FAVANCOURT.

Mon ami, vous perdez la tête.

RAVANNES (à part, à Villeroi).

Eh bien ! partira-t-il ? dis-moi.

VILLEROI, BERNARD, GEORGETTE, CHARLOT, ensemble.

Je n'y conçois rien sur ma foi.

GEORGETTE.

Entends-tu ?

Mme BERNARD.

Que dit-il ?

BERNARD (*à sa femme*).

On l'arrête.

CHARLOT.

Tiens, regarde.

GEORGETTE.

Il pâlit.

CHARLOT.

Il sourit.

Mme BERNARD.

C'est à tort qu'on l'accuse.

RAVANNES, FAVANCOURT.

Leur surprise
La méprise } m'amuse.

EMILIE.

Quelle erreur vous abuse.

VILLEROI.

Je soupçonne la ruse.

DUTREILLAGE (*avec emphase*).

Monsieur le marquis, suivez-moi.

FAVANCOURT.

Monsieur le marquis ?

DUTREILLAGE.

Suivez-moi.

TOUS.

Je n'y connais rien sur ma foi.

FAVANCOURT.

Il a perdu la tête,
Mais il s'en souviendra ;
Nous verrons à la fête
Qui le dernier rira.
Vous voulez qu'on m'arrête ,
Soit, on m'arrêtera.

RAVANNES.

Criez à pleine tête ;
Bien fin qui s'entendra.
Je me fais une fête
Du train que l'on fera.
Je ris d'une tempête
Qu'un seul mot calmera.

VILLEROI.

C'est un tour qu'il apprête.
L'étourdi nous perdra ;
Il rit d'une tempête
Qu'un seul mot calmera.
Ce n'est que sur ma tête
Que le coup portera.

DUTREILLAGE.

Il se creuse la tête
Pour se tirer de là.
Nous verrons à l'enquête,
Comment il répondra;
Et de pareille fête
Comment il sortira.

EMILIE.

Le trouble est dans ma tête,
Quelle erreur est-ce là ?
En vain je m'inquiète,
L'erreur s'éclaircira;
Rions d'une tempête
Qu'un mot appaisera.

BERNARD, Mme BERNARD, GEORGETTE,
CHARLOT.

Le trouble est dans ma tête,
Quel est cet homme-là ?
Il a l'air doux, honnête;
Bien fou qui s'y fiera.
Il faut voir de la fête
Comment il sortira.

DUTREILLAGE.

Par égard pour votre personne ,
Que je respecte infiniment ,
Vous me suivrez à la *Couronne.*

FAVANCOURT.

Eh bien ! allons à la *Couronne.*

DUTREILLAGE.

Vous y serez commodément.

RAVANNES (*à Villeroi , à part*).

J'ai bien choisi son logement.

VILLEROI (*arrivant , à part*).

Tu nous perdras assurément.

FAVANCOURT.

Que ferons-nous à la Couronne ?

DUTREILLAGE (*avec importance*).

Des ordres qui me sont prescrits ,
J'instruirai monsieur le marquis.

EMILIE , FAVANCOURT.

Mais enfin quel est ce marquis ?

Ensemble.

Il a perdu la tête.
Mais il , etc.

FIN DU SECOND ACTE.

ACTE III.

Le théâtre représente un salon de l'auberge de la Couronne, meublé avec une grande recherche.

SCÈNE PREMIÈRE.

EMILIE, FAVANCOURT.

FAVANCOURT.

Parbleu ! la méprise est excellente ; je te donne en cent à deviner ! pour qui me prend cet imbécille de brigadier.

ÉMILIE.

Mais je ne vois pas....

FAVANCOURT (*riant aux éclats*).

Pour le plus mauvais sujet de France ; pour cet écervelé de marquis de Ravannes.... moi.... avec mes soixante ans et ma gravité du dernier siècle.... j'en rirai longtems.

ÉMILIE.

Cet homme n'est pas obligé de vous connaître, mon père ; il a sans doute été induit en erreur par quelques faux renseignemens, et il suffit de vous nommer.

FAVANCOURT.

Non, il y a dans cette aventure quelque chose que je veux éclaircir, et c'est pour cela que je me suis laissé arrêter. En ma nouvelle qualité, j'ai aussi des renseignemens à prendre sur ce monsieur de Ravannes. On le soupçonne caché dans quelque coin de cette province avec son digne ami le chevalier de Villeroi.

ÉMILIE.

Quand vous connaîtrez monsieur de Villeroi, je vous assure, Monsieur, que vous en prendrez une toute autre opinion.

FAVANCOURT.

S'il n'a pas profité c'est sa faute : il est à bonne école.
Quoi qu'il en soit, qu'ils y prennent garde, je n'entends pas
raison dans l'exercice de mes fonctions, et malgré l'intérêt que
mon Emilie leur porte, s'ils me tombaient entre les mains...

EMILIE.

Mon père sait bien cependant que Son Altesse Royale
les aime beaucoup et qu'elle les sacrifie avec peine au res-
sentiment de son ministre.

FAVANCOURT.

Le Régent ne m'a point fait confidence de ses affections
particulières; je sais que mes ordres relativement à ces Messieurs, sont extrêmement sévères et que je ne transige point
avec mes devoirs.

EMILIE (*à part*).

Gardons mon secret, il était prêt à m'échapper.

FAVANCOURT (*regardant autour de lui*).

Emilie, n'es-tu pas étonné comme moi de trouver cette
recherche, cette élégance dans une auberge de campagne.

EMILIE (*froidement*).

Je ne vois rien là de bien extraordinaire; les meubles
sont propres....

FAVANCOURT.

Comment! des glaces de cette grandeur, des étoffes de
cette beauté! Les deux jeunes gens qui tiennent cette maison ont eux-mêmes quelque chose de....

EMILIE.

Commun.

FAVANCOURT.

Mais non!

UN VALET DE CHAMBRE ENTRE.

Les gens de Monseigneur arriveront dans un moment.

FAVANCOURT.

C'est bon, vous les ferez entrer chez moi par l'autre

porte. (*le valet sort.*) La nuit approche, je vois qu'il faut nous décider à rester ici jusqu'à demain, et je vais me préparer à subir mon interrogatoire; je veux en imposer à mes juges.

SCÈNE II.

EMILIE (*seule*).

Mon dieu! qu'il y a des circonstances où il est difficile de prendre un parti; je vois bien quel est le plus raisonnable; mais cette fois, le plus raisonnable est-il le meilleur?

POLONAISE.

Quand je me livre à l'espérance,
Du devoir je crains la rigueur;
Je dois en croire la prudence,
Je voudrais écouter mon cœur :
L'un me dit, point de faiblesse;
Vois-tu le danger qui l'attend?
Bannis l'objet de la tendresse,
Qu'il parte à l'instant.

Éloignez-vous douce espérance,
Fuyez, le devoir est vainqueur.
Je veux en croire la prudence;
Et je n'écoute plus mon cœur.
L'autre d'une voix moins sévère
Me dit : profite du moment,
Confie à l'amour de ton père ;
Et ton secret et ton amant.

Reviens, reviens douce espérance,
Le devoir a trop de rigueur;
Je n'écoute plus la prudence,
Je n'en veux croire que mon cœur.

SCÈNE III.

EMILIE, VILLEROI, RAVANNES.

ÉMILIE.

Ah! Messieurs, vous me voyez dans une inquiétude!.....

mon père a parlé de vous; il soupçonne que vous êtes cachés dans les environs.

RAVANNES.

Eh bien! c'est un homme d'honneur, et quand il découvrirait....

ÉMILIE.

Cette qualité d'homme d'honneur l'oblige à remplir les devoirs de sa place....

VILLEROI.

De quelle place?

ÉMILIE.

Il vient prendre le gouvernement de cette province.

RAVANNES.

Ah! malédiction!

VILLEROI.

Tu as fait là un beau chef-d'œuvre.

RAVANNES (*riant aux éclats*).

J'ai fait le Gouverneur prisonnier. Ah! ah! ah!

ÉMILIE.

Que voulez-vous dire?

VILLEROI.

C'est lui qui, pour vous retenir ici quelques heures de plus....

RAVANNES.

Pour pouvoir causer un peu à notre aise....

VILLEROI.

A mis dans la tête de ce bon brigadier de la maréchaussée....

RAVANNES.

Que votre père était moi.... (*il rit.*) Voyez vous la métamorphose! le vénérable comte de Favancourt transformé en marquis de Ravannes, et, comme tel, arrêté par la maréchaussée. Est-ce que ce n'est pas bien gai.... là vraiment?

EMILIE.

Vous ne voyez donc pas à quoi vous vous exposez, à quoi vous m'exposez moi-même? A la première explication tout va se découvrir. Mon père a contre vous les ordres les plus sévères ; croyez-vous qu'une pareille plaisanterie l'engage à en suspendre l'exécution? Je ne vous parle pas de mes craintes personnelles....

VILLEROI.

Ce sont les seules auxquelles je sois sensible!

RAVANNES.

Si tout le monde prend la chose sérieusement, je ne vois pourtant qu'un moyen de nous tirer d'affaire.

VILLEROI (*à Emilie*).

Lequel?

TRIO :

RAVANNES.

Évitons l'embarras extrême,
Où la fortune nous réduit :
De ce logis à l'instant même
Partons sans tambour et sans bruit.

EMILIE.

Oui dans cet embarras extrême
Partez, partez à l'instant même.

RAVANNES.

Esquivons nous à petit bruit.

VILLEROI (*à Emilie*).

Il faut donc vous perdre sans cesse?

EMILIE.

Nous lasserons le sort jaloux.

RAVANNES (*à Emilie*).

De la maison soyez maîtresse,
Faites ici comme chez vous.

Ensemble.

VILLEROI.	EMILIE.
Je dois m'éloigner sans murmure,	Mon cœur écoute sans murmure,

Quand votre repos en dépend ; Du devoir, le conseil prudent,
De la tendresse la plus pure, Quand la tendresse la plus pure
Ma fuite devient un garant. Y trouve un semblable garant.

RAVANNES.

Quand il apprendra l'aventure,
Que je voudrais être présent !
Voyez vous la bonne figure
Que fera notre Commendant ?
(*à Emilie*) Par notre volonté dernière
Nous vous nommons notre héritière,
Recevez notre testament.

EMILIE.

Pouvez vous rire en ce moment.

RAVANNES.

Je ris de l'embarras extrême ,
Ou je vois notre homme réduit
Où sont-ils? où sont-ils?

EMILIE.

Partez à l'instant même.

VILLEROI.

Toujours fuir ce qu'on aime !

RAVANNES.

Partons sans tambour et sans bruit.

Ensemble.

VILLEROI.   **EMILIE.**

Je dois m'éloigner sans murmure, Mon cœur écoute sans murmure,
etc.   etc.

RAVANNES.

Quand il apprendra l'aventure. etc.

(*Emilie rentre chez son père.*)

SCENE IV.

**VILLEROI, RAVANNES, LE TABELLION, DU-
TREILLAGE** (*en grand uniforme*).

RAVANNES (*à Villeroi*).

Va faire nos préparatifs ; c'est-à-dire, mettre de l'or dans tes poches. Je te rejoins. (*Villeroi sort.*) (*à Dutreillage*) Vous voilà en grande tenue.

DUTREILLAGE.

Il faut que la chose se passe en règle ; j'ai amené avec moi le Tabellion pour dresser le procès-verbal. Vous mon secrétaire, vous ferez les fonctions de greffier, vous lirez les pièces.

LE TABELLION (*à Ravannes*).

Voilà votre place.

RAVANNES.

Vous êtes tous les deux en costumes, il ne serait pas mal que j'allasse moi-même prendre un habit plus décent.

DUTREILLAGE.

D'autant que l'affaire est plus importante que vous croyez.. Nous tenons l'autre.

RAVANNES.

Qui, l'autre ?

DUTREILLAGE.

L'ami de monsieur de Ravannes, monsieur de Villeroi.

RAVANNES.

Vous l'avez découvert ?

DUTREILLAGE.

A peu près. Je viens de faire saisir un de ses courriers qui accourait à toute bride.

RAVANNES.

Et ce courrier, où est-il ?

DUTREILLAGE.

Dans la salle basse, gardé à vue.

LE TABELLION.

Nous le ferons comparaître en tems et lieu.

RAVANNES (*à part*).

Eh ! vîte, allons savoir ce que cela signifie. (*haut*) Je suis à vous.

LE TABELLION.

Nous pouvons toujours commencer l'interrogatoire.

DUTREILLAGE (*à un garde*).

Allez avertir le prisonnier.

LE TABELLION.

Voyons le signalement.

SCÈNE V.

LES MÊMES, LE COMTE DE FAVANCOURT. (*Le Comte en habit d'officier-général, caché d'abord sous sa redingote; il a le cordon bleu ; les gens de sa suite en grande livrée, se rangent autour de l'appartement*).

LE TABELLION.

Dites-donc, Commandant, voilà un aventurier qui se présente bien ; il a un certain air.

DUTREILLAGE.

L'air n'y fait rien, j'en ai vu bien d'autres !

FAVANCOURT.

Allons, Messieurs, de quoi s'agit-il?

LE TABELLION.

Comparons avec le signalement.... Taille droite et bien prise.... bien prise ! si l'on veut.... Cheveux blonds.... ils sont gris.... Visage frais, coloré..... tu appelles cela frais?...... Agé de vingt-huit ans.... celui-ci en a pour le moins soixante. Il y a erreur, erreur manifeste.

DUTREILLAGE.

Nous avons lu différemment, mon secrétaire et moi.... Il faut l'attendre.

FAVANCOURT.

Vous faites, Messieurs, ce que vous auriez dû faire avant de prendre un parti dont il est probable que vous vous repentiréz. Au fait, que voulez-vous de moi?

DUTREILLAGE.

J'ai ordre d'arrêter quelqu'un.

FAVANCOURT.

Et vous me donnez la préférence.

DUTREILLAGE.

Ne vous faites-vous pas appeler le marquis de Ravannes?

FAVANCOURT.

Vous avez vu sur le signalement que ce monsieur de Ravannes a vingt-huit ans. Ne trouvez-vous pas que j'ai l'air d'avoir quelque chose de plus ?

LE TABELLION.

Trois fois autant, pour le moins ; ça c'est vrai.

DUTREILLAGE.

Encore , Monsieur , faut-il qu'an soche qui vous êtes.

FAVANCOURT (*montrant son uniforme*).

Je ne suis pas du tout obligé de vous le dire ; mais comme il vous importe de le savoir, je veux bien vous apprendre que je me nomme le comte de Favancourt, et que je suis Gouverneur de cette province.

DUTRILLAGE , LE TABELLION.

Ah ! mon Dieu ! Monseigneur , pardonnez.

DUTREILLAGE.

Notre prévôt m'a tant recommandé de faire chercher ce personnage..... Ce que j'en ai fait, c'est par excès de zèle.

FAVANCOURT,

Que diable ! par excès de zèle , on ne prend pas un homme de soixante ans pour un homme de vingt-huit.

DUTREILLAGE.

Monseigneur saura que j'ai la vue basse , et que mon secrétaire , en lisant.....

FAVANCOURT.

Votre secrétaire est un fripon qui s'est moqué de vous et de moi.

DUTREILLAGE.

Cela ne se peut pas; c'est un des frères Robert.

FAVANCOURT.

Je le sais; mais vous, Monsieur de la maréchaussée, savez-vous quels sont ces jeunes gens, d'où ils viennent? Je ne suis ici que depuis quelques heures, et j'ai appris sur leur compte mille chose qui auraient dû éveiller votre surveillance.

DUTREILLAGE.

En vérité, Monseigneur, ils n'ont d'autres défauts que de jeter l'argent par les fenêtres.

FAVANCOURT.

Mais, où le prennent-ils, cet argent?

LE TABELLION.

C'est cela, où le prennent-ils?

DUTREILLAGE.

Où le prennent-ils? comme vous dites.

FAVANCOURT.

Je les soupçonne fort d'être ici les agens de ces Messieurs que le Gouvernement fait chercher; et peut-être... Amenez-moi les frères Robert.

DUTREILLAGE.

A l'instant, Monseigneur. (*Il sort.*)

LE TABELLION.

Cela finira toujours par un procès-verbal; je puis dresser le protocole.

SCÈNE VI.

LES MÊMES, EMILIE.

FAVANCOURT.

Emilie, j'ai bien peur de pouvoir vous donner des nouvelles de votre chevalier de Villeroi.

EMILIE.

Sauriez-vous?.....

FAVANCOURT.

J'ai lieu de croire qu'il n'est pas loin, et nos hôtes doi-

vent avoir là-dessus des renseignemens qu'ils vont me com-
muniquer.

EMILIE (à part).

Pourvu qu'ils soient partis.

SCÈNE VII.

LES MÊMES, BERNARD, Mme BERNARD, CHARLOT,
GEORGÉTTE, HABITANS DU VILLAGE.

CHŒUR.

BERNARD.

Tous les habitans du village ,
Hontenx d'une fâcheuse erreur,
Viennent présenter leur hommage
A monseigneur
Le gouverneur.

Mme BERNARD , GEORGETTE , CHARLOT.

Nous jouissons d'une méprise
Qui vous arrête parmi nous.

FAVANCOURT.

Je m'applaudis d'une méprise
Qui m'arrête au milieu de vous,
Et sur un fait , avec franchise,
Je veux vous interroger tous.
N'avez-vous point de plaintes à me faire
Contre les jeunes gens , maîtres de la maison ?

Mme BERNARD ET QUELQUES VIEILLES.

Oui, Monseigneur.

CHŒUR.

Non , non , non , non.

EMILIE (à part).

Ils sont bien loin j'espère.

FAVANCOURT.

Accordez-vous.

Mme BERNARD ET LES VIEILLES.

Oui.

LE CHŒUR DES JEUNES GENS.

Non.

LES VIEILLES.

Oui.

LE CHŒUR.

Non.

BERNARD.

Non, Monseigneur ; tout au contraire :
Ce sont de braves gens.

Mme BERNARD, LES VIEILLES.

Très-dangereux.

LE CHŒUR.

Très-obligeans.

Mme BERNARD, LES VIEILLES.

Ils troublent nos familles.

LE CHŒUR.

Par eux, nos pauvres sont nourris,
Ils font danser nos filles.

LES VIEILLES.

Et boire nos maris.

FAVANCOURT (*aux jeunes filles*).

Qu'en pensez-vous, Mesdemoiselles ?

LES JEUNES FILLES.

Ils pourraient être plus fidèles.

FAVANCOURT (*à part*).

Quels sont donc ces deux étourdis ?
Ensemble.

FAVANCOURT, EMILIE. Mme BERNARD, LES VIEILLES.

Chacun envirait leur partage.	Voyez un peu le beau partage !
Ils ont pour eux tous les bons cœurs,	Ils ont ici pour défenseurs,
Toutes les filles du village,	Toutes les folles du village,
Tous les amans, tous les buveurs.	Tous les amans, tous les buveurs.

EMILIE.

Le plus grand nombre est leur partage,
Ils ont ici pour défenseurs,
Toutes les filles du village ;
Tous les amans, tous les buveurs.

SCÈNE VIII ET DERNIÈRE.

LES MÊMES, DUTREILLAGE, VILLEROI, RAVANNES,
UN COURRIER.

DUTREILLAGE.

Monseigneur, je vous les amène.

EMILIE.

Ils sont arrêtés !

FAVANCOURT (*à Emilie*).

D'où vient ce grand intérêt ?

TOUS (*en voyant Villeroi et Ravannes en habit d'uniforme*
de Mousquetaires et de Chevau-Legers).

Ciel !

FAVANCOURT.

Quels sont ces Messieurs ?

DUTREILLAGE.

Ce sont les frères Robert ; c'est-à-dire, ce n'est pas eux,
comme vous voyez. Mais c'est qu'ils ont embrouillé cela.

RAVANNES.

Rien de plus simple, mon général ; j'ai l'honneur de vous
présenter monsieur le chevalier de Villeroi.

FAVANCOURT.

C'est m'annoncer, Monsieur, que vous êtes le marquis
de Ravannes.

RAVANNES.

C'est un tort peut-être ?

FAVANCOURT.

En ce moment surtout : vous savez qui je suis, Messieurs,

Il y a plus que de l'imprudence à vous présenter devant moi.

RAVANNES.

Villeroi voulait absolument que nous évitassions ce petit cérémonial, dont il ignore encore les conséquences.

VILLEROI.

Je le prévois trop bien, tu m'as trompé.

FAVANCOURT.

J'en suis fâché, Messieurs, mais vous trouverez bon que j'exécute les ordres que j'ai reçus; et que je vous envoye sous bonne escorte.

DUTREILLAGE.

Cela me regarde.

RAVANNES.

Partout où vous voudrez, mon général; mais, auparavant, veuillez jeter les yeux sur cette dépêche que vous adresse le nouveau Ministre, et que j'ai voulu avoir l'honneur de vous présenter moi-même.

VILLEROI.

Qu'est-ce que cela signifie?

RAVANNES.

Tu vas l'apprendre.

FAVANCOURT.

C'est une lettre de son Altesse Royale.

(*Il lit.*)

« MONSIEUR LE COMTE DE FAVANCOURT,

» Au reçu de ma lettre, vous ferez chercher et conduire » devant vous, messieurs de Ravannes et Villeroi, qui sont » cachés, j'en suis instruit, dans un village de votre gou- » vernement. »

VILLEROI.

Nous sommes à la Bastille.

RAVANNES.

Comme tu vas vîte!

FAVANCOURT (*lisant*).

« Après leur avoir témoigné mon mécontentement de leur
» conduite passée, vous leur signifierez..... »

VILLEROI.

Je suis d'une colère contre toi!

RAVANNES.

Un peu de résignation.

FAVANCOURT (*lisant*).

« Vous leur signifierez que je mets fin à leur exil, et que
« je les rappelle à la cour. »

VILLEROI.

Ah! mon général!

RAVANNES.

J'en étais sûr; on ne pouvait pas se passer de nous.

FAVANCOURT (*très-sévèrement*).

Messieurs, je vous réprimande au nom de Son Altesse,
(*en riant*) et je vous félicite du retour de sa faveur.

VILLEROI.

Monsieur le comte, vous ne savez pas toutes les espé-
rances que je fonde sur cet heureux événement.

FAVANCOURT.

Si je l'ignorais, la rougeur d'Emilie pourrait m'en ins-
truire; mais c'est une affaire à traiter en d'autres lieux.

BERNARD.

C'est-il dieu possible! v'là les frères Robert devenus de
grands seigneurs. Ah ça! vous ne tiendrez plus auberge,
pas vrai?

VILLEROI.

Non, mais nous avons choisi notre successeur. Nous ferons
présent à Georgette de cette maison et de tout ce qu'elle
renferme, à condition pourtant qu'elle épousera Charlot.

GEORGETTE.

Ah! Monsieur. Ah! Mademoiselle.

CHARLOT.

Nous vous bénirons tous les jours de notre vie.

BERNARD.

Si ceux-là ne sont pas d'honnêtes gens, ma foi il n'y en a pas au monde.

LE TABELLION.

Il est dit qu'il n'y aura pas de procès–verbal.

VILLEROI.

Non, mais au lieu de cela, monsieur le Tabellion, vous dresserez l'acte de donation que nous faisons à Charlot et à Georgette, et le contrat de mariage de ces deux jeunes gens; car (*regardant Favancourt et Emilie*) il y a tel bonheur qui ne peut pas aller sans l'autre.

FAVANCOURT.

Soyez tranquille, Chevalier ; vous me donnez un exemple qui ne sera pas perdu.

RAVANNES.

Eh ! bien, c'est pourtant moi et ce brave homme qui avons arrangé tout cela. Il est vrai qu'il ne savait pas trop ce qu'il faisait, et que je ne m'en doutais guère moi-même ; cependant, vous conviendrez tous que la sagesse et la prudence n'auraient pas mieux réussi.

FIN.